PANÉGYRIQUE

DE

Sainte Thérèse de Jésus

PRÊCHÉ DANS LA CHAPELLE

DES

CARMÉLITES DE BORDEAUX

Le 15 Octobre 1893

Par l'Abbé V. de MENDIVIL

Vicaire à Saint-Bruno

Clamaverunt justi et Dominus exaudivit eos.
Ps. 33, V. 17.

SE VEND
AU PROFIT DES PAUVRES
DE SAINT-BRUNO

PANÉGYRIQUE
DE
SAINTE THÉRÈSE DE JÉSUS

PANÉGYRIQUE

DE

Sainte Thérèse de Jésus

PRÊCHÉ DANS LA CHAPELLE

DES

CARMÉLITES DE BORDEAUX

Le 15 Octobre 1893

Par l'Abbé V. de MENDIVIL

Vicaire à Saint-Bruno

Clamaverunt justi et Dominus exaudivit eos.
Ps. 33, ~~V.~~ 17.

SE VEND

AU PROFIT DES PAUVRES

DE SAINT-BRUNO

PANÉGYRIQUE

DE

SAINTE THÉRÈSE DE JÉSUS

> *Clamaverunt justi, et Dominus exaudivit eos.* — Les justes ont adressé à Dieu leur prière, et ils ont été exaucés.
> Ps. 33, V. 17.

Éminence (1),

Mes Révérendes Mères,

Mes Frères,

A l'époque où parut Sainte Thérèse, l'Église de Dieu était en proie à une crise terrible. Le schisme protestant avait séparé de l'unité catholique, l'Allemagne, l'Angleterre, une partie de la France. Les peuples désertaient en foule le vrai temple de Dieu. Chaque jour apportait la désolante annonce d'une défection nouvelle. Le mal menaçait de s'étendre et

---

(1) Son Éminence le cardinal Lecot.

d'envahir la chrétienté tout entière. Pour conjurer le péril, pour être fidèle à ses promesses et empêcher l'Église de tomber, Jésus-Christ enverra du secours; mais, pour montrer que le salut vient de lui, et de lui seul, il opposera à ce géant dévastateur une faible femme, dont les armes se réduiront à ceci : prier et souffrir. Mais cette prière, elle sera si ardente, cette souffrance si étendue, si vive; l'un et l'autre prendront des proportions si élevées, que ces armes, faibles en apparence, deviendront plus puissantes et plus terribles que toutes les armées rangées en bataille; si généreuses, que le danger disparaîtra, et l'Église sera sauvée.

Aujourd'hui, regardez et dites si le mal n'est pas aussi grand. La bataille n'est plus sur le même terrain; mais les ennemis sont plus nombreux : les amis se séparent, les forces sont désunies, le monde des idées lui-même a complétement changé. On ne s'entend plus; c'est un véritable cahos. Le général, le grand et immortel Léon XIII, s'est bien levé. Debout, en face du monde qui croule, avec un regard qui pénètre les âges et une voix capable de faire tressaillir les morts jusque dans leur tombeau, il nous appelle au point du ralliement. Croyez-vous que nos amis, plus dociles que les brebis, vont courir vers lui ? Non, ils examinent celui qui s'est levé ; ils étudient la voix qu'ils ont entendue ; ils s'arrêtent, ils perdent du temps : et nous, nous courons à l'abîme.

Ce grand Pape, vous l'avez entendu, Éminence, et, plus docile que les étoiles du firmament à l'appel de Dieu, vous l'avez suivi. Ce sera là, au milieu des éloges qui vous seront adressés plus tard, Éminence, votre plus grand honneur, votre plus grande gloire, et pour nous, par l'exemple que vous nous aurez donné, notre plus grande force et notre plus chère consolation.

Mais voilà, mes Frères, que, pour arrêter le mal. le Carmel vous propose, aujourd'hui, sa Sainte Réformatrice comme le modèle de ce que vous devez être, si du moins vous avez à cœur de sauver l'Église, de sauver les âmes, de sauver la France !

Thérèse triompha du mal par son amour pour Dieu ; et cet amour, elle le plaça dans la manifestation d'une triple prière : une prière d'adoration, une prière d'action de grâces, une prière d'intercession.

I

Thérèse aima la prière et rendit à Dieu son premier devoir : celui d'adoration. Providentiellement placée dans une famille chrétienne ; ayant appris de bonne heure les grandes leçons qui s'écoulaient harmonieusement d'un père et d'une mère fidèles à leur Dieu, Thérèse sentit en son âme les premières atteintes de cet amour qui allait la rendre plus attachée à Dieu que ne le sont peut-être les anges et les séraphins dans le ciel. Elle n'a pas huit ans, que déjà elle se sent tourmentée de faire monter vers le Seigneur les élans de son amour.

Au fur et à mesure que son âme se déploie et que son regard se promène sur le monde, c'est le respect, c'est l'amour, c'est l'adoration qui se manifestent. Tout dans la nature lui raconte la gloire, les grandeurs, la beauté de son Dieu. Depuis les astres superbes qui parcourent l'étendue du firmament, où elle entrevoit la splendeur de sa lumière, jusqu'à la fleur charmante des prairies, des bois, des parterres, où elle salue la grâce et la variété de son vêtement, il n'est pas un atome, pas un mouvement, pas une beauté qui ne lui rappelle et les grandeurs, et les beautés, et les perfections de Celui vers qui, comme par instinct, elle se sent portée de toute la force de son cœur ; son âme, docile à ces premières impressions, a répondu par un premier cri de l'amour : « Mon Dieu, je vous adore ! »

On lui a dit que le ciel était la demeure définitive des amis du Divin Maître ; sensible à la miséricorde de Dieu, elle a répondu par un deuxième cri de l'amour : « Seigneur, je vous adore ! »

De là, cette fuite du toit paternel, pour donner à Dieu le témoignage de son amour : de là, puisqu'il ne lui avait pas été donné de se perdre en lui par le martyre, ces petites cellules qu'elle construisait à l'écart, au fond du jardin, pour mieux se livrer à la prière, où elle reçut, disent les auteurs de sa vie, les premiers éléments de la science de haute oraison ; demeures préparatoires aux grandes solitudes qui l'attendaient plus tard, où elle devait entrevoir les grandes routes qui conduisent aux profondeurs de Dieu.

Cette prière d'adoration la saisissait, pour la pénétrer tout entière. Obéissante et entraînée par les charmes et les beautés divines, son âme se dégageait insensiblement de ce qui n'était pas Dieu. Son vol allait tous les jours sur des hauteurs nouvelles : Thérèse s'élevait sur la montagne où résident les splendeurs de la grande Lumière. Sa force d'ascension était si puissante et si vive que son propre corps, ne pouvant plus résister aux élans de cette âme ardente, était emporté lui aussi ; et on a vu notre séraphique Thérèse plusieurs fois suspendue entre le ciel et la terre. Elevée sur ces hauteurs de la vie surnaturelle, elle réalisait ici-bas ce qui nous est réservé dans le ciel. Son âme, dans cette prière d'adoration, allait progressant à travers les merveilles de Dieu, pour le contempler, l'aimer, le bénir, et chanter, dans cette vallée de larmes, le cantique qu'elle répètera pendant l'éternité : « *Misericordias Domini in æternum cantabo.* — Je chanterai les miséricordes de Dieu pendant l'éternité. »

II

A la prière d'adoration, Thérèse sut ajouter la prière d'action de grâces ; elle fut grande, cette action de grâces, parce que son cœur eut une étendue qu'il nous serait difficile de mesurer. Grand et noble cœur, que celui de Thérèse ! En lui, rien d'étroit ni de circonscrit ; mais les larges idées, les beaux sentiments. Naturellement portée à la reconnaissance, elle éprouvait une joie plus vive, plus profonde, à rendre au centuple le peu de bien qu'on avait voulu lui faire. Son âme s'épanouissait tout entière dans sa merveilleuse beauté, lorsqu'elle trouvait l'occasion de manifester combien on avait été bon et indulgent pour elle. Cette gratitude faisait comme le fond de son âme. N'allez pas croire, cependant, que cette reconnaissance se bornait aux choses puériles et vulgaires. Ne croyez pas que le cœur de Thérèse recueillait avec empressement toutes sortes de sentimentalités. Ne supposez pas un instant que ce fût un cœur affadi, capable de ne recevoir que des impressions sensibles, pour retomber ensuite lourdement sur lui-même, et n'être plus qu'un cœur qui se traîne lâchement, sans direction, sans grandeur, sans noblesse !

Non, le cœur de Thérèse était placé sur les hauteurs. Il avait été fait par Dieu, pour les grands devoirs, pour les nobles causes, et c'est là où notre Sainte voulut le placer. Son cœur était fait pour Dieu, c'est à Dieu qu'elle le donna tout entier.

Thérèse savait ce que Dieu avait fait. C'était pour Thérèse que les grâces générales s'étaient répandues. A nos pères de l'ancienne loi, Dieu avait envoyé ses prophètes pour les conduire ; à Thérèse, il envoya ses anges pour la servir. Les miracles et les prophéties étaient comme les inscriptions sans cesse renouvelées des visites de Dieu à son peuple ; mais Thérèse savait que, pour la mieux toucher, la mieux séduire et faire éclore plus facilement dans son cœur la sainte passion de l'amour, Dieu s'était rapproché d'elle sous une forme visible, qu'il avait caché sa haute majesté sous un voile épais, afin de lui faire supporter plus facilement les tristesses de l'exil.

Mais, tout caché, tout mystérieusement

voilé qu'il était, Jésus apparaissait à Thérèse dans toute sa beauté. Thérèse savait ce qu'elle devait à Jésus. Pour elle, Jésus s'était fait petit enfant ; pour elle, il avait subi toutes les ignominies, toutes les hontes ; pour elle, il avait voulu passer pour un infâme scélérat ; et tout cela, Jésus l'avait accompli pour l'élever, l'ennoblir. Thérèse le savait : et sa foi, plus éblouissante que les plus beaux soleils, lui montrait que Jésus, au Calvaire, s'était revêtu de la pourpre sanglante, qu'il avait pris le vêtement de l'amour pour la sanctifier et la placer sur les sommets élevés de la gloire.

De plus, Thérèse savait, elle était témoin tous les jours des merveilles que Dieu opérait en son âme. Elle les connaissait, ces grâces étonnantes qui la pénétraient et l'inondaient tout entière ; grâces précieuses qui arrivaient des profondeurs de Dieu pour venir habiter en celle que l'Église appellera plus tard la séraphique Thérèse ; grâces si étendues qu'elles devaient reproduire en notre Sainte les vertus, les beautés, les grandeurs de Celui pour qui son cœur était tout brûlant d'amour ; grâces si élevées qu'elles devaient manifester, à la face des nations, les splendeurs cachées du Fils de Dieu, pour mériter d'entendre tomber des lèvres du Maître du monde, de Celui qui lui permettait de planer ainsi sur les hauteurs : « Si tu es la Thérèse de Jésus, lui dira-t-il, moi ton Dieu, ton époux, je suis le Jésus de Thérèse. »

En face de ce double courant des miséricordes de Dieu, qui l'inondait, voilà que tout à coup son cœur se serre, sa pensée s'obscurcit, son âme semble s'abattre sous le poids de la plus affreuse tristesse. Thérèse pleure ! qu'a-t-elle donc ? pourquoi cette douleur ? pourquoi ces larmes ? Ah ! n'en soyez pas surpris, c'est qu'elle a vu l'ingratitude des hommes. Elle n'ignore pas que les grâces qui sont descendues pour elle du haut du Calvaire sont également tombées pour se répandre à travers le monde; que c'est pour tous que Dieu a souffert, qu'il est mort; que c'est de la blessure béante du Sacré Cœur que s'échappent à torrents les grâces spéciales pour chacun de nous, et capables, si nous y étions fidèles, de nous placer au nombre des saints.

Et c'est en présence de ces merveilles, de ces bienfaits qui remplissent le monde; c'est en face de cette grande expansion de l'amour de Dieu, qu'elle reçoit, au fond de son cœur, la blessure mortelle qui la fera gémir désormais; c'est en présence de la lâcheté, de l'oubli, de l'ingratitude des hommes, que la grande et séraphique Thérèse n'écoute que la générosité de son cœur, et veut rendre à Dieu, elle, par une puissante prière d'action de grâces joie pour joie, délices pour délices, amour pour amour, et cette prière, elle la fait monter des profondeurs de son âme jusqu'au trône de Dieu.

Un des grands moyens de manifester au Seigneur notre gratitude pour les biens qu'il nous accorde, c'est d'être bien humble en les recevant. Cette action de grâces s'éleva, dans Sainte Thérèse, à des hauteurs qui nous ravissent : son humilité montait avec ses prérogatives. Plus Dieu travaillait à la montrer dans toute sa beauté, plus Thérèse descendait dans les profondeurs de son néant. Les merveilles que Dieu opère en son âme prennent de si vastes proportions, elles jaillissent avec une lumière si vive, si étincelante, que les deux hommes de Dieu appartenant à deux ordres illustres, à la Compagnie de Jésus, aux Frères Prêcheurs, lui imposent l'obligation de raconter les communications divines. Thérèse, si douce, si simple, si prompte à faire plaisir, se trouble, hésite, refuse. Ce n'est que sur un ordre impérieux, formel, qu'elle donne son consentement. Et cependant, elle veut continuer sa prière d'action de grâces : elle sera humble jusqu'au bout. Elle fera connaître, oui, les grandes routes qu'elle traverse dans l'amour de Dieu, mais elle sait que le monde tout entier, la regardant avec admiration, s'inclinera devant elle avec respect ; aussi, elle aura soin de donner à ses imperfections, à ses fautes moins que légères, une telle force, une telle étendue, qu'elle mettra le contrepoids à toutes ses merveilles, qu'elle fera oublier et sa gloire et ses grandeurs. Cette profonde humilité est ainsi sa première prière d'action de grâces.

Jésus-Christ avait assuré à Thérèse les triomphes de son œuvre ; aussi, pour donner à Dieu une preuve de sa gratitude, en face des difficultés inimaginables qu'elle rencontre sur son chemin, qui arrivent de tous côtés, notre Sainte reste calme et patiente au milieu de l'adversité.

C'est au couvent de l'Incarnation. Sur l'ordre de Thérèse, les ouvriers ont élévé une forte muraille. Une nuit, elle s'écroule tout entière, Le démon s'était vengé : « Le mur est tombé, dit tranquillement la Sainte, eh bien ! nous le relèverons. »

C'est dans la cité d'Avila. La maison de Saint-Joseph vient d'être fondée. Aussitôt, le bruit court que les revenus de la ville, destinés aux pauvres, serviront pour le couvent. La population tout entière se soulève ; ce sont des cris de rage, de désespoir, et ce qui donne toute sa force à cette persécution, c'est que les seigneurs de la cité se trouvent à la tête du mouvement. « Le feu aurait embrasé la ville tout entière, écrit un témoin, on n'aurait pas eu plus d'empressement à l'éteindre. » Et Thérèse, chassée de ce couvent, pour montrer à Dieu sa reconnaissance, oppose à cette révolte le calme et la sérénité de son âme.

C'est au couvent où elle va demander un refuge ; on la prend pour une folle qui veut diriger les autres et ne sait pas se conduire elle-même.

Les libelles se multiplient, les calomnies grandissent chaque jour. Elles traversent le royaume dans toute son étendue : son œuvre admirable, l'œuvre de sa vie, de ses larmes, de ses prières, va périr. Brisée par une main de fer, enveloppée de mépris, abandonnée de tous, Thérèse n'attend qu'une parole foudroyante du Nonce pour expirer à ses pieds et disparaître sans retour ; et, au fort de la tempête, Thérèse, debout, au milieu de la joie profonde que Dieu donne à ses amis au moment de l'épreuve, se dit à elle-même : « Que rien ne t'épouvante, que rien ne te trouble », c'est-à-dire, c'est la prière d'action de grâces qui entre profondément dans le cœur de Thérèse.

Cette ardente prière, elle l'achèvera dans la vertu de l'obéissance. Elle veut obeir, parce que l'obéissance lui promet, lui assure les victoires. *Vir obediens loquetur victorias.* Et ces victoires, elle les désire, elle les veut de toute l'ardeur de son âme, non pour elle, et poussée par quelque envie de vaine gloire, nous l'avons vue si humble, si oublieuse de ses intérêts ! mais elle les veut et les demande pour son Dieu, qu'elle aime de toute la force de son âme ; elle voudrait le voir connu et aimé du monde entier ; elle sait aussi qu'elle n'y parviendra qu'à la condition d'être d'une obéissance absolue.

Elle obéit donc, et pousse cette vertu jusqu'à ses dernières limites ; Thérèse est prête, après tous les sacrifices qu'elle s'est imposés, toutes les calomnies qu'elle a supportées, toutes les hontes qu'elle a endurées, à tout laisser, à tout abandonner, si telle est la volonté de Dieu.

Elle obéit. Thérèse, d'après une révélation de Notre-Seigneur, veut fonder une maison à Madrid. — Non, c'est à Séville qu'il faut aller, lui dit le Père Gratien. Et la Sainte n'hésite pas ; elle dispose tout pour le voyage. Quelques moments après, le Père lui demande comment elle a pu obéir si promptement, malgré une révélation de Notre-Seigneur. « Je puis me tromper en jugeant la vérité d'une révélation, répondit-elle, tandis que je serai toujours dans le vrai en obéissant à mes supérieurs. » Humble et grande réponse qu'il fait bon recueillir sur les lèvres de Thérèse, à soixante ans, devant un supérieur qui n'avait pas la moitié de son âge.

Elle obéit, lorsqu'elle jette dans les flammes son admirable *Commentaire du Cantique des Cantiques*. Ce poème sacré, chanté par les lèvres brûlantes de Thérèse, nous eût révélé les secrets mystérieux, nous eût placé plus avant dans les communications divines. Elle-même aurait voulu, pour la gloire de Dieu, que le monde entier pût le lire ; mais l'ordre avait été donné, elle obéit.

Elle obéit à un ordre sévère de son confesseur. « Quand cette vision vous apparaîtra, lui est-il dit, vous lui jetterez de l'eau bénite et la chasserez ainsi, comme on chasse les démons. » Glaive poignant, qui s'enfonça dans son cœur pour lui faire endurer la douleur des martyrs. Et Jésus se montre à elle ; Thérèse le veut recevoir. Son cœur veut s'élancer vers lui par toutes les tendances de son âme ; mais non, elle ne le peut : c'est une hésitation, c'est une lutte, c'est une bataille gigantesque de Thérèse contre Jésus. Cependant, Thérèse va jusqu'au bout : elle veut montrer à Jésus sa gratitude ; elle veut faire monter bien haut sa prière d'action de grâces. Elle obéit ; mais, en obéissant, elle se jette à ses genoux et lui demande pardon : « C'est l'obéissance qui m'a poussée à cette extrémité. — Tu fais bien, lui dit Jésus, obéis, moi je ferai connaître la vérité, c'est-à-dire, c'est la victoire, c'est la gloire qui viendront à toi pour le salut du monde. » C'est que, sous les vibrations de l'âme de Thérèse, le chant d'action de grâces s'animait, s'élevait, devenait une harmonie de pensée et d'amour qui, pénétrant les cieux, mêlait aux cantiques des anges ses plus religieux accents. *Misericordias Domini in æternum cantabo.*

III

Thérèse aimait Dieu, et cet amour s'était emparé de son âme avec tant de force, que tout ce qui n'était pas Dieu la laissait indifférente et la jetait dans une sainte mélancolie. Elle avait reçu la blessure de l'ange. Son cœur avait été transpercé ; elle ne pouvait plus rester sans Celui qu'elle aimait ; le temps de l'exil lui paraissait trop long : elle ne consentit à y demeurer encore qu'à la condition de pouvoir approcher tous les jours ses lèvres de la coupe délicieuse où se trouvaient les amertumes de la souffrance : ou souffrir ou mourir !

Le fils, que les fâcheux événements ont éloigné du toit paternel, s'il a gardé au fond de son cœur les sentiments de la piété filiale, soupire tous les jours après le foyer domestique. Le soldat, qui porte dans son âme les nobles pensées et que la guerre a jeté sur une terre étrangère, ne cesse, du fond de son exil, de porter ses regards vers la Patrie.

Mais, pour Thérèse, il en est tout autrement. Ses aspirations vont plus loin que le foyer domestique, plus haut que l'amour de cette pauvre terre. Sa tristesse est plus grande, parce qu'elle vient de plus haut : elle prend sa source aux rivages éternels. Fille de la grande demeure, elle ne l'habite pas encore ; écrasée par le poids de l'exil, elle a hâte d'arriver au terme de sa course et de voir enfin sa véritable Patrie !

Thérèse veut aller aux demeures éternelles ; mais la Sainte ne sera pas égoïste. Elle n'ira pas seule. L'amour qui la consume ne la peut contenir. Elle sent en elle une force d'expansion qui la porte au dehors ; elle veut se répandre, elle veut faire connaître à tous que le Dieu qu'elle sert est le meilleur des pères, le plus tendre des amis. Et cette force est si vive, si pénétrante, qu'elle travaille à traîner le monde, et le monde étonné marchera après elle ; car le feu la dévore, elle veut sauver les âmes.

Pour y parvenir, elle fera son choix. Elle suivra l'ordre établi par Dieu lui-même. La place priviligiée dans sa prière d'intercession, elle la réserve aux prêtres ; c'est à eux qu'elle consacre son plus cher apostolat. Ces prêtres, qui ont reçu avec l'onction sainte la haute mission de sanctifier les autres, elle les veut voir sur les sommets de la sainteté. Elle n'ignore pas que de cette sanctification dépend le salut des âmes ; aussi, c'est pour eux qu'elle fait monter vers Dieu ses sacrifices, ses peines, ses souffrances. Partout où elle les rencontre, elle salue en eux, avec respect, la dignité sacerdotale dont ils sont revêtus ; mais, en même temps, elle leur fait passer le meilleur de son âme ; elle s'empresse de leur communiquer ses élans de l'amour de Dieu. Ce sont des centaines de prêtres qui arrivent ainsi au sommet de la perfection ; c'est un saint Jean de la Croix qui va puiser en Thérèse les ardeurs qui le jettent dans l'extase et le ravissement.

Après avoir intercédé pour les prêtres, elle descend en ceux qui, par vocation, ont une situation inférieure dans l'Eglise, mais peuvent aider les ministres du Seigneur par leurs efforts, par leur sainteté. Elle leur fait entrevoir le rôle providentiel que Dieu leur a donné, la vocation spéciale qu'ils ont reçue pour coopérer au salut des âmes. Comme rien ne se perd, ni prière, ni sacrifices, ni douleurs, mais que tout va, tout marche, tout gravite au triomphe, à la victoire des âmes, elle travaille avec ardeur à les stimuler, augmentant ainsi le bataillon d'élite qui va à la conquête de nos frères égarés.

Puis, Thérèse ira jusqu'au fond de la vallée ; elle se mêlera au fort du combat, et, partout où elle verra une âme attristée, découragée, perdue, elle la consolera, la fortifiéra, la remettra sur le chemin qui conduit au ciel ! Comme les disciples d'Emmaüs éprouvaient une joie mystérieuse en compagnie de Jésus, ainsi tous ceux qui cheminaient avec Thérèse sur la route de l'exil se sentaient embrasés des flammes qui jaillissaient de son cœur ; partout sa prière d'intercession se fait sentir, car partout c'est Dieu qu'elle aime, c'est Dieu qu'elle veut voir aimé, béni et proclamé.

Et pour que cette prière eût plus de durée, pour qu'elle se perpétuât à travers les âges, elle établit ces saintes maisons, ces cloîtres austères où les anges entendront des accents mélodieux qui seront là comme les échos de la grande prière de Celui qui intercède perpétuellement pour nous. Et de là, cet admirable courant de vie, de force, de salut, qui se répandra à travers le monde, à travers les âmes, pour les donner à Jésus.

Dites, maintenant, vous qui avez perdu la foi ; dites, avec l'esprit railleur de ce siècle débordant de matérialisme, que les ordres contemplatifs sont inutiles à l'humanité, à la société, à l'harmonie du monde. Malheureux ! vous ignorez le plan de l'économie surnaturelle. Vous ne savez pas que toute sainteté, toute vertu, tout bien moral, est dû à la miséricorde de Dieu : vous ne savez pas que cette miséricorde ne se manifeste que grâce aux prières, aux sacrifices de ceux qui l'aiment ;

vous ne savez pas que ce sont les amis de Dieu qui appuient de tout leur poids sur le plateau de la balance pour contrarier les rigueurs de la justice éternelle. Allez, ne soyez plus aveugles ; montez sur les hauteurs de la Foi, et soyez convaincus que notre Patrie ne reprendra son ancienne gloire, ne parviendra aux splendeurs de son antique croyance, que si elle travaille à garder près de nous ces colonnes de la miséricorde de Dieu.

Soyez des âmes de prières, mes frères, imitez Sainte Thérèse. Oui, il faut des œuvres pour contrebalancer les efforts du démon : il les faut multiplier de toute l'ardeur de nos âmes, il nous faut répandre et pénétrer partout ; mais tout cela sera inutile si vous n'allez pas plus loin, si vous ne portez pas plus haut vos ambitions ! Non, ce ne sont point les œuvres seules qui nous sauveront ; ce n'est point l'œuvre des malades délaissés, l'œuvre des pauvres abandonnés ; ce n'est pas l'œuvre des écoles libres pour garder la notion de Dieu au cœur des enfants...ce n'est pas l'œuvre des Cercles catholiques pour garder la Foi dans notre Patrie. Non, tout cela, si noble, si grand, si beau, ne servira de rien ; tout cela, nous apparaissant avec l'auréole de la gloire et du triomphe, n'aboutira qu'à la ruine, qu'à une catastrophe générale, si vous ne vous hâtez pas de mettre à la base de tous ces dévouements, de tous ces sacrifices, de toutes ces œuvres, la grande et magnifique prière, qui leur donnera la solide et durable fécondité.

Soyez de ces âmes, vous, mes frères, qui formez l'élite de nos âmes religieuses ; aimez la prière, faites-la aimer partout : alors s'accompliront en vous ces belles paroles de nos saints livres : « *Clamaverunt justi, et Dominus exaudivit eos.* Les justes ont adressé à Dieu leur prière, et ils ont été exaucés » ; alors vous aurez travaillé au plus grand de tous les biens ; alors vous aurez obtenu la grande et magnifique restauration de notre Foi catholique et française ! *Amen.*

Bayonne, Imprimerie Lamaignère, rue Jacques Laffitte

www.ingramcontent.com/pod-product-compliance
Lightning Source LLC
Chambersburg PA
CBHW060914050426
42453CB00010B/1721